Cyril Bennasar

L'arnaque antiraciste expliquée à ma sœur

Réponse à Rokhaya Diallo

Éditions Mordicus
Causeur

ISBN : 978-2-918414-87-2
EAN Epub : 978-2-918414-88-9

À Alain Finkielkraut,
mon maître à penser par moi-même.

À Élisabeth Lévy, sans qui je n'aurais jamais écrit
que des courriers à l'URSSAF.

Préface

Le BlackLivesMatter à la sauce française compte quelques figures médiatiques connues, parmi lesquelles Rokhaya Diallo. La croisant depuis longtemps sur les plateaux, j'ai de la sympathie pour elle, nonobstant ses idées détestables et l'obsession raciale qu'elle partage avec toute sa famille idéologique.

Il faut cependant la créditer d'une qualité rare dans son camp : elle dialogue avec ses adversaires. En juillet 2020, elle accepte donc de porter la contradiction dans *Causeur*.

Entre deux confinements, la France est alors replongée dans la guerre idéologique menée par des minorités hargneuses, haineuses et d'autant plus bruyantes qu'elles bénéficient de multiples haut-parleurs médiatiques. Après la mort de George Floyd, Noir américain abattu par un policier le 25 mai, il ne leur manque qu'un martyr.

Adama Traoré, jeune homme mort après avoir tenté d'échapper à son arrestation, fera l'affaire. Il devient donc l'étendard et le ciment de la nébuleuse gaucho-indigéniste qui défile contre les « violences policières », dénonce le « racisme d'État » et parvient, en prime, à importer le concept raciste et racial de « privilège blanc ». On cherche des statues à déboulonner, des œuvres à expurger, des expressions à censurer. Cette nébuleuse brouillonne se fabrique aussi une égérie : Assa Traoré, qui faisait partie des enfants plus ou moins sages de cette tribu délinquante, devient la nouvelle Angela Davis, ce qui lui vaudra les honneurs de *Time*.

Le texte de Rokhaya Diallo, bréviaire idéologique du néo-antiracisme, paraît sous le titre « Privilège de ta race »[1]. Nombre de lecteurs,

1. *Causeur* 81, été 2020. Ce texte est reproduit pages 95-104.

moins sensibles que nous aux charmes du pluralisme, s'étranglent à sa lecture.

Cyril Bennasar, auteur régulier du journal, fort apprécié pour sa plume acérée, son humour tendance noir, ses incartades à la limite de la bienséance et son talent pour donner du sens aux plus infimes détails de la réalité concrète, ne s'étrangle pas. Il prend la plume pour écrire un article. Cela donne ce livre dans lequel il ne se départit jamais de son élégance moqueuse, ni d'ailleurs d'une galanterie presque affectueuse. Menuisier de son état, Français de souche relativement récente, Bennasar n'est pas un intellectuel professionnel, ce qui ne l'empêche pas de penser. Point par point, mêlant la réflexion à l'observation, avec un bonheur de formule qui rend la lecture savoureuse, il réfute, récuse, conteste, élaborant un argumentaire précieux pour le combat à venir. C'est aussi une déclaration d'amour à la France.

Elisabeth Lévy

Janvier 2021

1. Préliminaires

Chère Rokhaya Diallo,

J'ai bien reçu votre lettre ouverte aux lectrices et aux lecteurs du magazine *Causeur* parue dans le numéro de juillet que j'ai lue avec attention. Je prends la liberté de vous répondre, non pas au nom de tous les lecteurs parce qu'à *Causeur*, nous ne sommes pas un parti, ni une association, ni une assemblée de députés aux ordres, ni une communauté soumise à son prophète, ni une bande de racailles tenue par le respect (ou la trouille) du caïd, ni même un ramassis de racisés blancs qui veulent causer entre eux de leurs problèmes sans être interrompus par des Noirs. Je ne parle qu'en mon nom et si je vous réponds, c'est parce que je me reconnais parfaitement dans le portrait que vous dressez de nous. En effet, celui qui vous « met vertement en cause », qui vous accuse de « vous abreuver d'un racisme imaginaire » ou encore « de vouloir asseoir la domination des minorités pour mieux éradiquer les pauvres hommes blancs étouffés dans leur culpabilité », c'est moi. Nous ne sommes ni à *Libération* ni à *l'Obs* et je ne m'appelle pas Laurent « je n'ai jamais dit ça » Joffrin. Bref, je suis votre homme.

J'émets toutefois une réserve, je ne suis pas de ceux qui « honnissent votre personne », et j'ajoute, au risque de vous sembler sexiste et un peu paternaliste, que j'admire la jeune femme vaillante et courageuse que vous êtes, qui s'expose pour défendre des idées, idées auxquelles je suis déterminé à opposer une résistance acharnée en les dénonçant pour ce qu'elles sont, fausses et étrangères, contraires à nos traditions et à notre idéal républicain et français. Je le ferai dans l'espoir que nos compatriotes les rejettent et les renvoient dans les campus où elles sont nées, au pays des appartenances raciales et communautaires, des obsessions victimaires et revanchardes. Moi non plus je ne cherche pas à vous convaincre mais j'espère bien vous défaire, vous disqualifier, non pas pour ce que vous êtes mais pour ce que vous prêchez.

Pour dénoncer votre idéologie antifrançaise, votre projet de standardisation américaine de la France, par le campus et par le bas, je ne reproduirai pas certains de vos propos en les tronquant comme vous le reprochez à certains d'entre nous. Je ne vous jugerai que sur pièces, sur la base de ce que contient votre lettre ou sur ce que je vous ai entendu dire à la télé ou à la radio, consterné par le manque de répondant de certains de vos « contradicteurs » qui, par délicatesse ou par lâcheté, par galanterie ou parce que vous êtes issue d'un peuple qui a beaucoup souffert, marchent sur des œufs et prennent des pincettes quand il faudrait mettre les pieds dans le plat et rendre les coups. Je vous ferai l'honneur dans la bagarre rhétorique et idéologique qui nous oppose de ne vous traiter ni comme une femme ni comme une Noire mais comme une redoutable adversaire. Mais pas comme une ennemie : je ne vous confonds ni avec Assa, ni avec Houria.

Cependant, pardonnez-moi, je ne me pencherai pas comme vous nous invitez à le faire, sur vos *recherches* et sur vos *travaux*, non pas par paresse mais par défiance. Moi qui devant l'Université tombais à genoux, qui accueillais religieusement la parole savante, je n'ai plus confiance, j'ai perdu la foi. Quelques années à écouter la matinale de France Culture ou le *28 minutes* d'Arte ont éveillé mon esprit critique et mon sens du discernement. J'ai trop souvent entendu des chercheurs dans le sens du vent et de l'Histoire nous affirmer la main sur le classeur épais de leurs recherches et travaux qu'il n'y a pas plus d'immigrés aujourd'hui qu'hier, que l'immigration est une chance et une nécessité pour la France, que l'intégration se passe bien, que la délinquance des jeunes est en baisse, qu'à l'école le niveau monte et que la domination masculine est en Occident. Désolé pour vos recherches et travaux mais je n'écoute plus ces scientifiques engagés qui ont des lunettes qui regardent ailleurs, des jumelles qui regardent ailleurs, des microscopes qui regardent ailleurs, des caméras qui filment ailleurs. Non pas parce que ça ne m'arrange pas mais parce que ça ne colle pas. Il suffit de superposer ce que disent leurs recherches et leurs travaux sur le réel vu, entendu, lu, vécu partout ailleurs et tout le temps pour voir au premier coup d'œil que ça ne correspond pas et que quelque chose cloche. Le sociologue relativiste, le criminologue excusiste, le philosophe marxiste, l'historien illusioniste, le pédagogue pédagogiste, le démographe optimiste, l'économiste sansfrontiériste et immigrationiste, pour moi, c'est terminé. Tous ces docteurs ès-vivre ensemble ont réussi à me persuader qu'ils cherchaient moins la vérité qu'un nouveau moyen de contredire Marine le Pen. Au nom du Bien, les Lyssenko pétitionnaires d'aujourd'hui ont perdu la raison en prenant des libertés avec la méthode. Ces chercheurs sans méthode, sans cette astreinte à l'honnêteté intellectuelle, ne sont plus des scientifiques sérieux. Voilà pourquoi à présent, je me fie plus à mon prochain qu'à Éric Fassin, et plus à la voisine d'en face qu'à Caroline de Haas. Ne nous racontez pas d'histoires Rokhaya, vous n'avez pas plus de méthode que ces gens-là, alors redescendez s'il vous plaît de ce tabouret que vous appelez « vos recherches et travaux » pour nous regarder de haut. Vous êtes une militante, une idéologue. Vous avez une vision du monde, un idéal et un projet pour notre société. Moi aussi. Laissons la science à plus humbles que nous, et à plus sérieux.

Je n'ai pas d'études à vous balancer ou très peu, je n'ai pas d'experts à opposer aux vôtres mais je ne viens pas les mains vides. J'ai des témoins, de l'expérience, du vécu, le mien ou celui d'autres, celui d'amis ou encore d'amis d'amis. Tout sera partiel et partial, j'en conviens, le témoignage humain est fragile, contestable et gagne parfois à être corrigé comme le sondage, mais tout sera vrai et honnête. Vous nous interpelez avec l'expérience d'une personne noire qui vit dans un monde blanc, et j'y suis sensible, plus qu'à vos recherches et à vos travaux. Je vous réponds avec celle d'un Français qui voit la France se tiers-mondiser, et sa société régresser, se réensauvager, se déculturer, se déciviliser, se fracturer, qui voit la douceur des mœurs s'effacer, la civilité et la connivence disparaître, la galanterie suspectée et les mots pour dire nos désarrois traînés au tribunal. Vous verrez que vous n'êtes pas seule à souffrir au spectacle de l'actualité.

Je ne connais pas non plus votre production artistique mais doit-on pour vous parler être au fait de votre œuvre complète ? Voyez-vous, comme le dit Renaud Camus, le grand écrivain qui ne sera jamais consul et qui n'entrera pas à l'Académie française mais qui a été décoré de la médaille du courage par la 17e chambre correctionnelle, et pas qu'une fois : « La culture, c'est la claire conscience de la préciosité du temps » et je n'ai pas beaucoup de temps. Comprenez-moi Rokhaya, vous qui êtes française, vous savez ce que c'est. Quand on est héritier du patrimoine culturel français et au-delà, de celui de l'Occident chrétien, grec et latin, on a beaucoup à faire pour son éducation, on doit beaucoup apprendre pour pouvoir transmettre, et quand je vois ce qui me reste à lire, à écouter et à voir, et ce qui me reste à vivre, je suis au regret de devoir écarter, choisir, discriminer. Si j'étais inuit, amérindien ou pygmée, ma tâche serait plus légère. Une visite au musée des Arts premiers, l'apprentissage de la pêche au phoque, de la danse du scalp ou de la cuisson du colon au court bouillon et le tour serait joué. J'aurais tout le loisir de me pencher sur votre production artistique.

Celui qui a « les yeux qui piquent » quand il vous lit en écriture inclusive, c'est encore moi car je préfère m'incliner devant la grammaire plutôt que bazarder l'héritage de ma langue devant les lubies de notre époque, qui inclut jusqu'à l'indigestion, incapable qu'elle est de choisir, donc de discriminer, même sur des critères esthétiques. Je pratiquerai donc l'écriture exclusive, celle qui, par égard pour le lecteur, écarte tout ce qui enlaidit et alourdit un texte, tout ce qui transforme les lettres en un parcours du combattant intersectionnel hérissé d'obstacles, en un tract, tout ce qui méprise la forme dans son souci de ratisser large plutôt que de viser juste. Dois-je préciser, lorsque j'écris « lecteur », que je m'adresse aussi aux lectrices ? Pensez-vous qu'avant vous, on écrivait « homme » sans penser aux femmes ? Pensez-vous qu'une femme ne puisse pas être émue aux larmes par la poésie de François Villon quand il nous écrit : « Frères humains qui après nous vivez » ? Ne voyez-vous pas ce que vous perdez s'il faut dorénavant écrire : « Frères et sœurs humains.es… » ?

Dois-je ajouter que j'inclus, même si je ne les mentionne pas à chaque phrase, tous ceux qui ont le genre qu'ils veulent, et la sexualité qui va avec ou pas ? À dresser des listes d'acronymes qui se veulent exhaustives mais qui n'en finissent jamais, on risque non seulement de faire ressembler nos écrits à un sketch des Monthy Python mais aussi d'oublier certaines pratiques cocasses et déroutantes mais qui ne nous regardent pas. Êtes-vous bien sûre, chère Rokhaya, lorsque vous alignez des lettres dans des listes longues comme le bras, de n'oublier personne ? Il est certainement louable d'avoir une pensée pour les LGBTécétéra mais où sont donc dans vos manifestes et dans vos pétitions les autres, les oubliés de la famille sexuellement marginale dont la liberté et le libertinage font la joie du monde libre et la discrétion son élégance : les échangistes, les voyeurs, les gérontophiles, les sados masos, les adeptes du *fist fucking*, les coprophages, ceux qui bandent quand on les lange ou ceux qui jouissent quand on leur pisse dessus ? Dans quelle section et à quelle intersection placez-vous, puisqu'on ne voit jamais les initiales de ses pratiques, cette universitaire pro-palestinienne un peu connue dans les milieux de l'extrême gauche, qui se masturbe en regardant ses radios dentaires ? Par quel sigle peut-on et doit-on désigner cette amie d'une amie qui ne couche qu'avec des hommes noirs ? Et que peut-on en penser ? Sexualité raciste ? Penchants tout à fait légitimes quoiqu'excluants puisqu'elle n'aime pas les femmes ? Je me demande et vous le demande chère Rokhaya : Ne devrions-nous pas laisser tout ceci dans l'ombre des alcôves ? Après tout, les goûts et les couleurs… Mais je m'égare, pardonnez ces digressions et souffrez donc que je vous écrive comme on me l'a appris plutôt que comme on voudrait me rééduquer : en bon français.

2. Contrôles au faciès

À présent qu'entre nous la glace est rompue et les préliminaires passés, entrons dans le vif de nos sujets. Je persiste à vous accuser de vous abreuver d'un racisme imaginaire, et comme vous nous invitez à nous astreindre à un minimum de discipline intellectuelle, je vous renvoie le compliment. Manifestement, en vous fondant sur des études qui prouvent que les jeunes hommes perçus comme Noirs et Arabes sont 20 fois plus contrôlés que les autres Français, vous en déduisez que le choix des policiers est racial (ou raciste). N'allez -vous pas un peu vite en besogne là où vous voulez aller, vers ce que vous voulez démontrer ? Cette enquête ne manque-t-elle un peu de rigueur ou ses conclusions d'honnêteté ? Un reportage diffusé à la télévision sur les contrôles au faciès donnait, dans le cadre d'un micro-trottoir, la parole à un homme, habitant d'Evry, adulte et honnête (ou perçu comme tel) par sa tenue et son attitude, et noir, qui expliquait au journaliste qu'en réalité, la police ne contrôlait pas tous les Noirs ni n'importe quels Noirs mais une petite minorité d'entre eux, bien visibles, mais pas par la couleur de leur peau. Il précisait que les policiers ne portaient pas leur attention sur les Noirs en costume ou sur les Arabes en tenue de travail mais sur les Noirs à capuche ou les Arabes aux casquettes à l'envers. La police, comme tous les professionnels de la sécurité, les vigiles des magasins, les videurs des boîtes de nuit, les agents dans les transports, surveille en particulier les jeunes qui ont choisi par leur accoutrement et leur comportement (pour faire court, la « j'm'en bats les couilles attitude ») de ressembler étrangement à ceux qui lui donnent du fil à retordre un peu trop souvent. Votre militantisme ne veut pas voir cette réalité simple : ces contrôles et ces surveillances ne relèvent pas du racisme mais du profilage, cette technique policière de croisement d'indices et de connaissances permettant de cerner des personnalités probablement plus délinquantes ou criminelles que d'autres. Cette réalité a décidément beaucoup de mal à trouver sa place dans l'équation sans inconnue de l'antiracisme qui veut que contrôles + noirs ou arabes = racisme. Ces pauvres petites victimes de réels et incontestables acharnements des policiers, par les contrôles au faciès, ou des vigiles (très souvent noirs aussi), par les filatures appuyées dans les supermarchés ou les rejets à l'entrée des boîtes de nuit, ressemblent comme des clones à ceux qui parlent fort au cinéma, qui passent devant vous quand vous faites la queue, qui posent leurs pieds sur les banquettes du métro, qui fument dans le train, qui voyagent sans payer, qui restent assis alors que des vieux sont debout, qui taguent les murs des villes, qui vous demandent agressivement « une clope » en vous croisant, qui vous forcent à descendre du trottoir, qui réveillent tout un quartier en passant dans les rues avec leurs engins bruyants, qui font des « rodéos » en pleine nuit avec des voitures volées, qui insultent leur professeur, qui crachent sur les trottoirs, qui ouvrent les bornes à incendie de la ville, qui brûlent des voitures ou le drapeau français, qui insultent ou attaquent les policiers, qui arrachent les sacs des vieilles dames et ressortent libres du tribunal, qui traitent les filles de putes quand elles ne donnent pas leur « 06 », qui les violent dans des caves, qui frappent des pédés, qui tabassent à mort un homme qui photographie un lampadaire ou un chauffeur de bus qui fait son travail, qui torturent un juif pour rançonner ses parents, qui poignardent et égorgent des jeunes femmes dans la rue, qui foncent en voiture sur des passants, qui assassinent des caricaturistes, qui mitraillent au Bataclan et aux terrasses des cafés, qui tuent des enfants dans leurs écoles ou des vieilles femmes chez elles, qui égorgent un prêtre dans son église, qui écrasent des familles à Nice, qui menacent une lycéenne de viol et d'égorgement, qui décapitent des infidèles, qui prennent les armes contre la France, et qui, par dizaines de milliers et dans l'anonymat des réseaux sociaux, sont Kouachi quand d'autres sont Charlie[1].

Voilà, chère Rokhaya, qui sont les modèles, les héros, les frères et les cousins de ces jeunes victimes d'un racisme fantasmé, ces voleurs, ces violeurs et ces assassins qui sont parmi nous et que l'antiracisme nous empêche de montrer du

---

1.Ce passage est très étroitement inspiré d'un texte de Georges de La Fuly, « Pas grave », lu p. 483 dans le Journal 2017 de Renaud Camus, *Juste avant après*.

doigt, de stigmatiser, les clones de ceux pour qui vous voudriez que l'on s'indigne parce qu'ils sont contrôlés plus que les autres. Si vous voulez mon avis, et je pense qu'il est largement partagé, le problème n'est pas que la police les contrôle mais que la justice ne soit pas foutue de les empêcher de nuire, de nous protéger de ceux qui arrachent les colliers de nos mères et de nos grand-mères, à nous autres Blancs car on voit rarement des vieilles dames voilées ou en boubou traînées sur plusieurs mètres pour quelques euros et finir leur vie à l'hôpital à cause d'une agression, et ce, sans que l'on vous entende dénoncer une délinquance raciste. Alors quand vous répétez qu'il y a un problème de racisme en France, au pays des 120 attaques au couteau par jour, je vous réponds que nous avons plutôt un problème d'antiracisme.

Lorsque j'étais plus jeune, avec des cheveux longs, un blouson de cuir et un peu plus de défi dans le regard qu'aujourd'hui, j'arpentais rarement les rayons de la FNAC sans être suivi par un vigile, tout blanc que je suis. En devenant adulte, en perdant mes cheveux et en mettant une veste, j'ai perdu l'attention des vigiles et des flics, et les surveillances ont cessé. Peut-être devriez-vous, chère Rokhaya, au lieu de les caresser dans le sens du poil victimaire, conseiller à ces jeunes d'assumer sans pleurnicher les conséquences de leur allure de racaille, ou s'ils veulent qu'on leur fiche la paix, de laisser au placard leur panoplie de délinquant.

Il y a des exceptions. Il arrive que des Noirs en costume et en limousine soient l'objet de contrôles routiers particulièrement ciblés. Alors là pour l'antiracisme, le doute n'est plus permis et l'exception confirme la règle : puisque même les Noirs riches sont victimes de contrôles, c'est que le racisme est partout, et la justice nulle part. Sauf que les motards de la gendarmerie ont une explication pour ces discriminations : il y a beaucoup de fausses plaques diplomatiques de pays africains.

Si la complexité du réel n'embarrasse pas les militants, elle n'encombre pas non plus les journalistes à la page, dans l'air du temps, bien collés à leur époque, idéologiquement tendance. Quelques jours après le tabassage à mort d'un chauffeur de bus à Bayonne et du meurtre d'une femme gendarme renversée par un fuyard qui voulait échapper à un contrôle, le présentateur Gilles Bouleau interviewait le chef de l'État. Pas un mot sur Bayonne mais : « Monsieur le président, les jeunes hommes noirs et arabes sont contrôlés 20 fois plus que les autres (il répète la formule en haussant le ton comme un procureur au tribunal) 20 fois plus monsieur le président ! Que comptez-vous faire ? Et quand ? »

Voyez-vous Rokhaya, c'est cela qui agace, qui devient insupportable. Si certains ne peuvent plus vous entendre et changent de station quand vous intervenez, c'est parce que votre propagande se révèle plutôt efficace et que des analyses faussées donnent des affirmations grossières reprises par des journalistes pas assez curieux, ou pas assez honnêtes, ou un peu cons, feignants et conformistes. Après tout, vous êtes dans votre rôle, vous militez et c'est votre droit. Ceux qui vous insultent se trompent de cible. Ce sont les « Gilles Bouleau » et les « Léa Salamé » qui reprennent vos formules sans les regarder de près et qui les répandent avec la prétention de l'objectivité et de la rigueur qui sont à blâmer, et à huer. Croyez-moi Rokhaya, je vous combats mais je vous respecte. Eux, je les méprise et pour ne pas les haïr, je me retiens.

3. Discriminations à l'embauche

Vous évoquez dans votre lettre les discriminations à l'embauche. Parlons-en mais parlons-en sérieusement et complètement. Une étude que je ne vous ai jamais entendue mentionner révélait il y a quelques années qu'avec des CV anonymes, les candidatures de personnes aux noms qui évoquaient des origines africaines ou maghrébines étaient moins retenues que lorsque leurs noms apparaissaient. Autrement dit, contrairement aux idées répandues par des années de propagande antiraciste, les Noirs et les Arabes ne sont pas victimes de discriminations, ils en bénéficient, à la fois dans les grandes entreprises privées très soucieuses de montrer patte blanche et de se conformer aux doctrines de l'époque comme aux chartes de la diversité, mais également dans la fonction publique. Il y a ce que l'on découvre au hasard d'études aux résultats inattendus et ce que tout le monde voit et dont tout le monde rit. Connaissez-vous cette blague sur l'hôpital public : des Arabes transportés par des Noirs et soignés par des juifs. Avez-vous remarqué, comme tout le monde, la couleur des employés des services publics ? Êtes-vous entrée récemment dans un bureau de poste, une crèche ou une école ? Avez-vous bien regardé ceux qui gardent les musées, les squares, les fourrières, qui nous collent des PV ? C'est à se demander si notre État si providentiel, si réparateur et si correcteur d'injustices ne se serait pas mis en tête d'accueillir au sein maternel de la fonction publique tous ceux dont l'entreprise, libre d'embaucher qui elle veut, ne veut pas.

Laissez-moi à présent vous parler de mon expérience de la discrimination à l'embauche. Artisan menuisier, j'ai été souvent sollicité par la mission locale pour prendre un jeune en apprentissage. Un jour, j'ai dit ok et un type est venu à mon atelier me présenter un jeune Noir. À la fin de l'entretien, pendant lequel l'adolescent n'avait manifesté aucun intérêt ni pour le bois ni pour le travail en général, se tenant les bras croisés et le menton haut à la Malcolm X, mais les ados sont parfois un peu avares de signes extérieurs de motivation, j'acceptai quand même de faire un essai. L'éducateur se tourna alors vers le jeune pour une dernière recommandation : « Si tu as un problème, tu viens m'en parler, tu ne frappes pas ton patron, on est bien d'accord ? » Croyez-vous que c'est à cause de sa couleur que je ne l'ai pas pris ? Quel patron de petite entreprise, quel artisan a envie de risquer d'en venir aux mains avec un employé pour un litige ou une contrariété, ou de voir une nuit son atelier partir en fumée comme c'est arrivé à une entreprise de travaux publics dans ma région après que les ouvriers avaient jeté à coups de pieds des gitans qui cherchaient à les voler ? Qui veut faire de la politique ou de l'antiracisme avec son outil de travail ? Vous ?

Quelques années plus tard, pour un chantier d'agencement de bureaux dans une tour de La Défense, mon associé et moi avons fait appel à une agence d'intérim pour recruter une dizaine d'ouvriers manutentionnaires. Il en est arrivé de deux sortes : des jeunes des cités de Nanterre parfaitement français, tous noirs et arabes, et des Africains arrivés en France récemment comme en témoignait leur accent. Les premiers sans exception ne nous ont été d'aucune aide, incapables de respecter une consigne, rebelles à toute demande, n'en faisant qu'à leur tête et tirant au flanc à la première occasion, indisciplinés et arrogants, limite menaçants, de grandes gueules qui n'ont pas manqué de nous rappeler qu'ils n'étaient pas nos esclaves et que le temps des négriers était fini. Les autres ont été parfaits. Évidemment, nous n'avons repris que les Africains et les Français sont retournés tenir les murs ou vendre du shit.

En réalité, mon apprenti comme ceux de Nanterre sont inemployables. Personne ne peut travailler avec des jeunes qui se prennent pour le Kunta Kinté de *Racines* et qui nous prennent pour leurs négriers, pas même vous. Non seulement ils n'ont pas les codes, mais ils ont été abreuvés comme vous de racisme imaginaire, de ressentiments, de méfiance raciale et d'esprit de revanche verbalisés par les mots creux et ronflants de l'antiracisme. Vous arrive-t-il de vous demander, Rokhaya, si vous n'avez pas une petite part de responsabilité dans la situation désastreuse qui enferme ces jeunes dans un piège terrible, en leur bourrant l'esprit de foutaises et en les livrant au monde du travail en état de légitime défense raciale imaginaire ? En réalité, la couleur de ces jeunes, tout le monde s'en fout, à part vous, mais ça ne leur rend pas service.

4. Discriminations au logement

Dans une société plutôt homogène, une relative confiance mutuelle lie entre eux des gens qui se ressemblent ethniquement et culturellement. Dans une société multiraciale et, à défaut d'assimilation, multiculturelle, cette petite complicité naturelle disparaît. Quand l'institution judiciaire se révèle incapable de faire régner la justice, les gens se protègent eux-mêmes comme ils peuvent dans tous les domaines. Ceux qui possèdent un logement et qui cherchent à le louer ont deux objectifs et deux inquiétudes : percevoir régulièrement et durablement leurs loyers et retrouver leurs biens en bon état. Lorsque les mauvais payeurs sont inexpulsables et les vandales impunis, les bailleurs prennent leurs précautions. Les gens multiplient les prudences, et toutes les informations sont bonnes à prendre pour écarter les supposés mauvais locataires. Comme ces informations ne sont pas autorisées dans les médias, elles circulent sous le manteau, clandestinement, de bouche à oreille, et les préjugés se mêlent aux témoignages d'expériences vécues. Dans ce tas d'idées toutes faites où les réalités côtoient les fantasmes, il y a du racisme, plus ou moins préjugé, entre autres choses. C'est dans ce flou indicible que l'antiracisme va chercher ce qui l'arrange en laissant dans l'ombre tout ce qui le dérange, c'est dans ce cloaque qu'il puise l'eau de son moulin à paroles, à prières et à récriminations. Ses militants appellent le fruit de leur sélection pas très honnête : la discrimination au logement. Discrimination raciale et raciste, cela va sans dire puisque les deux termes ont été si souvent accolés qu'ils sont devenus pour le péquin moyen indécollables.

Mais pour vous Rokhaya, « quand on se voit régulièrement rejeté.e dans la recherche d'un appartement, d'un logement ou de l'accès à un loisir du seul fait de sa couleur de peau ou de son patronyme, il est difficile de s'affranchir d'une lecture de la société tenant compte du racisme. »

Difficile ? Vraiment ? Et si on essayait, pour y voir plus clair ? Prenons le cas d'un bailleur qui reçoit les candidatures de plusieurs postulants qui ont le même niveau de revenu. Le premier dossier est celui d'une famille nombreuse d'origine africaine, le second celui d'un couple homosexuel blanc avec deux gros chiens et le troisième celui d'une jeune fille célibataire blanche sans enfants et sans animaux. Je vous fiche mon billet que la jeune fille sera l'objet de son choix, choix qui le mènera tout droit dans la cage aux phobes avec deux chefs d'accusation : racisme systémique et homophobie larvée. Maintenant, redistribuons les cartes. La famille nombreuse est de souche et blanche, le couple est hétéro avec ses deux gros chiens et le célibataire sans animaux est homo et noir. Si le bailleur choisit le célibataire, parlerez-vous d'hétérophobie et de racisme antiblanc ? Vous voyez bien Rokhaya que ces grilles de lecture à travers lesquelles on ne voit qu'en noir et blanc sont mensongères. Alors, êtes-vous naïve ou malhonnête ? Où trouve-t-on chez vous cette discipline intellectuelle à laquelle vous nous invitez, nous lecteurs de *Causeur*, à nous astreindre ?

En écrivant, j'observe que le correcteur automatique reconnaît le mot « homophobie » mais pas le mot « hétérophobie ». Mon ordinateur est-il infecté par du systémique, de la phobie ou du discriminatoire ? Fin de la parenthèse.

Tâchons d'être honnêtes, on ne va pas se mentir, mes exemples ne disent pas tout. Certaines catégories sont plus cotées que d'autre sur le marché de l'immobilier. Tâchons de comprendre avant d'accuser car comprendre ce n'est pas excuser, n'est-ce pas Rokhaya, vous qui n'êtes pas « Charlie » ? Ce qui marche pour les terroristes doit pouvoir s'appliquer à ces retraités qui cherchent un locataire pour leur studio.

Il y a quelques années, une nouvelle provoquait scandale et émoi : en Autriche, la tenancière d'une maison d'hôte ou d'un hôtel déclarait qu'elle ne recevrait plus de clients juifs. Vous rendez-vous compte, un établissement interdit aux juifs au pays de l'Anschluss. Réprobation et condamnation générale. J'ai voulu en savoir plus, j'ai lu d'un peu plus près et j'ai pris le parti de défendre la pauvre femme. Elle expliquait que de nombreuses expériences malheureuses avec des familles bruyantes et peu respectueuses du voisinage, aux enfants mal élevés et mal tenus, bref des gens pas méchants mais néanmoins nocents et chaque fois juifs, l'avaient amenée à prendre cette décision difficile. En généralisant le comportement indélicat de certains juifs à tous, elle interdisait un accès aux loisirs à des juifs bien élevés et commettait une injustice. Ne peut-on comprendre que des professionnels prennent le risque d'être injustes pour assurer la sérénité de leur maison et la tranquillité des autres clients ? Entre deux injustices, cette dame a fait un choix, et s'il m'est pénible de penser que les Finkielkraut sont à présent tricard chez Gundula à cause des cousins de Cyril Hanouna, je trouverais plus juste de commencer par engueuler les sépharades sans gêne avant de mettre la LICRA aux fesses de la patronne pour antisémitisme.

Contrairement aux apparences, je ne vois pas là d'antisémitisme mais plutôt du principe de précaution pour préserver sa clientèle des fâcheux qui se sont trouvés chez cette dame être trop souvent juifs. Mais je vais vous faire une confidence : je serais bien mal placé pour lui donner des leçons. Il y a quelques années, j'ai travaillé, par l'intermédiaire d'un entrepreneur qui a planté trois banques avant de finir en prison, pour des commerçants juifs du Sentier. Au bout de quelques mois, comme j'en avais marre de courir après mon argent et d'entendre ses boniments : « Quoi ? tu n'as pas reçu mon chèque ? Sur la Torah, je l'ai posté lundi. Je crois qu'il y a des grèves à la poste, attends un peu tu vas le recevoir, sur la tête de mes enfants », j'ai décidé, comme ce chauffeur de taxi tunisien qui avouait ne plus prendre d'Arabes la nuit, de ne plus travailler pour des juifs du Sentier. Mieux placé pour faire la différence entre les juifs corrects et les roublards, j'ai pu faire preuve d'un peu de discernement et j'ai gardé toute ma clientèle ashkénaze et une bonne partie des séphardes. Je m'y connais plus en juifs qu'en aryens et j'aurais pu, si j'avais eu des ennuis à répétition avec des Autrichiens, les boycotter tous, alors que peut-être, seuls ceux des montagnes sont peu fiables contrairement à ceux des plaines qui n'ont qu'une parole. Mais n'ayant aucune connaissance de ces peuplades, bien incapable de distinguer les bons des mauvais, je me serais sans doute passé de tout le monde par principe de précaution.

Voilà comment ça marche, Rokhaya, dans la vraie vie, loin des plateaux télé où il est si mal de généraliser, d'essentialiser et de discriminer. Mais vous-même, lorsque vous êtes dans le métro et que des jeunes filles roms montent après vous, ne prenez-vous pas la précaution de vérifier que votre sac est bien fermé ? Alors que sans doute, certaines jeunes Roms sont des étudiantes sérieuses, honnêtes et victimes de préjugés. C'est la vie, nos comportements rejaillissent sur nos semblables et peuvent faire et défaire les réputations attachées à nos communautés. Y a-t-il dans vos travaux quelques lignes consacrées aux bruits qui courent chez les logeurs sur les réputations des différentes populations ? Êtes-vous sûre quand vous menez vos études de vous poser les questions qui nous aideraient à les prendre au sérieux ? Je vous en suggère une sur le sujet immobilier, vous en ferez ce que vous voudrez. Pourquoi le prix du mètre carré est-il tellement plus élevé à La Varenne qu'à La Courneuve pourtant plus proche de Paris et pourquoi une moitié de Montreuil est-elle plus recherchée que l'autre ?

Mais pour revenir à nos histoires d'appartement, le racisme est encore une fois dans votre tête. L'argent des loyers n'a pas de couleur et je connais un paquet de juifs qui loueraient plus facilement un local à l'amicale néo-nazie si elle a pignon sur rue et si elle est solvable qu'à des juifs errants ou des Israéliens louches. De votre côté, êtes-vous bien certaine que le propriétaire noir d'une salle de spectacle ne préférerait pas confier son bien aux vieux messieurs tranquilles de la fête de Radio Courtoisie plutôt qu'aux organisateurs d'un concert de gangsta rap ?

Mais il me vient une idée. Vous pourriez peut-être mettre fin aux discriminations que vous dénoncez en invitant les associations antiracistes à se porter caution pour les familles discriminées. Ainsi, toute la diversité qui fait la richesse de notre pays, les citoyens du monde de toutes les couleurs et de toutes les bourses auraient un toit sur la tête et les bailleurs rassurés seraient peut-être moins regardants, et moins « racistes ». Voilà qui aurait de la gueule et qui clouerait le bec à tous vos détracteurs. Vous devriez y penser. Enfin, pour les personnes qui n'ont pas accès aux logements privés, il reste le logement social, dont Christophe Guilluy nous dit qu'il est un sas d'entrée pour les flux migratoires.

Parlons-en un peu du logement social. Un bruit court depuis longtemps, une rumeur persistante : les immigrés ou les Français récents seraient mieux servis que les Français d'origine dans l'attribution des logements sociaux. Ce qui devient, dans les conversations sans détours : « les Noirs et les Arabes passent devant les Français blancs pour les HLM ! ». « Fantasmes racistes », me direz-vous, preuve à l'appui puisque le choix des demandeurs par les commissions ne s'effectue pas sur des critères ethniques ou religieux, les candidatures étant anonymes. Et pourtant la population de certaines cités laisse penser qu'il y a une politique de la préférence étrangère ou de la discrimination positive. En réalité, il n'y a qu'un mot d'ordre pour les politiques sociales : les plus nécessiteux d'abord. Et tant qu'il y aura des familles nombreuses, africaines et à la rue ou arabes et mal logées, elles seront prioritaires et les femmes blanches et seules avec un enfant attendront leur tour. Alors les déboutés à répétition, les remplacés du logement social se trompent peut-être en pensant qu'on leur préfère toujours les mêmes autres pour leur couleur ou leur religion, mais le résultat est le même, et leurs réflexions sont amères. Voilà où se niche le « racisme » que vous dénoncez, dans cette riposte verbale et clandestine plus que proportionnée face à l'inexorable remplacement. Et là, dans ces quartiers que l'on nomme « populaires » pour signifier sans connotation raciste que le peuple a été remplacé, vous aurez du mal à nous convaincre qu'il y a un privilège blanc.

5. Privilège blanc

Nous n'avons pas fini de découvrir tous les dommages collatéraux dus au confinement. Il y en a un particulièrement visible qui n'a pas fini de nous surprendre. Le premier avril, le poisson qui nous joue des tours tous les ans est resté confiné dans son bocal. Depuis, il sort chaque jour et se rit de notre crédulité. Je ne vois pas d'autre façon de donner un sens à ce qui advient. Il y en a une pourtant et même si on se pince pour y croire, tout cela a un sens, on appelle ça « le sens de l'Histoire ». Tout semble farces et attrapes mais tout est vrai. Le poisson peut rester tranquille, l'antiracisme est plus inventif que lui : la statue de Victor Schoelcher dégradée parce que ce n'est pas à un Blanc d'avoir aboli l'esclavage (et parce qu'il avait prévu de dédommager les propriétaires d'esclaves) ; le lycée Colbert rebaptisé Rosa Parks, L'Oréal qui renonce au mot « blanc » ; le *New York Times* qui décide que dorénavant, le mot « Black » prendra une majuscule mais pas le mot « white » ; Churchill condamné pour racisme ; Mercedes qui repeint sa Formule 1 en noir parce qu'un pilote noir, ça ne suffit pas. Et presque tous les jours, ce qui semble une blague le matin se révèle une réalité le soir. Mais le poisson le plus glissant apparu dans le paysage est un concept repêché dans une théorie obscure, ancienne et fumeuse qui permet à l'avant-garde, à l'extrême gauche, aux indigénistes et aux étudiants en sciences molles de prendre un ascendant sur nous les ploucs : le « privilège blanc ».

Pour éclairer nos lanternes, parce que nous autres Blancs, n'avons pas toujours le privilège de comprendre avant tout le monde ce que nous avons encore fait, je vous redonne la parole, Rokhaya : « Si une personne non blanche est discriminée du fait de sa couleur de peau, c'est qu'une personne blanche obtiendra le bien ou le service qui ne lui a pas été accordé. Et cette personne ne le saura probablement jamais. C'est pour cela que l'on parle de privilège blanc. » En réalité, le privilège blanc est surtout et tout au plus un glissement sémantique et un abus de langage car le privilège est un droit accordé à une minorité sur une majorité. Par exemple, dans les années quatre-vingt, le « Privilège » était une boîte de nuit *sélect*, réservée à des gens triés sur les seuls critères de la branchitude, un endroit fermé à presque tous et ouvert à un tout petit monde très cosmopolite. On comprend mieux la chose si on la renomme car mal nommer les choses, c'est ajouter du comique à la farce du nouveau monde. Je vous propose, Rokhaya, de parler plutôt d'avantage blanc, et là nous tomberons d'accord. Je vous l'accorde, il y a un avantage à être blanc dans un monde blanc, à appartenir à la majorité. Mais vous remarquerez qu'il y a moins d'inconvénients à être noir sur le continent blanc qu'albinos sur le continent noir ou fermier blanc au Zimbabwe ou en Afrique du sud.

Il y a un avantage à appartenir à la norme plutôt qu'à la marge, à la majorité plutôt qu'à une minorité, mais sur la question blanche ou noire, rien n'est absolu et tout est relatif. Je suis sûr que dans certains territoires occupés, il y a un avantage non-blanc. Quelque chose me dit que vous êtes plus en sécurité à la Courneuve que moi, et j'ai beau chercher un exemple inverse, je ne trouve pas. Où suis-je plus en sécurité que vous, chère Rokhaya ? Au siège social du Ku Klux Klan ? Donnez-moi l'adresse, j'irai faire un scandale. En échange, je vous dirai dans quels cercles calqués sur les campus américains les visages pâles burnés et autres hétéro-ploucs ne sont pas admis. Irez-vous protester ?

Voyez-vous Rokhaya, vous et moi ne sommes pas normaux dans ce pays, nous ne sommes pas la norme. Écoutons le général de Gaulle qui s'y connaissait mieux en France que vous, moi et Patrick Boucheron réunis : « C'est très bien qu'il y ait des Français jaunes, des Français noirs, des Français bruns. Ils montrent que la France est ouverte à toutes les races et qu'elle a une vocation universelle. Mais à condition qu'ils restent une petite minorité. Sinon, la France ne serait plus la France. Nous sommes quand même avant tout un peuple européen de race blanche, de culture grecque et latine et de religion chrétienne. Qu'on ne se raconte pas d'histoires ! Les musulmans, vous êtes allés les voir ? Vous les avez regardés avec leurs turbans et leurs djellabas ? Vous voyez bien que ce ne sont pas des Français ! » Et pour ceux qui mettent en doute l'authenticité de la citation, souvent les mêmes qui dégainent leurs recherches et travaux pour tirer en dépit du bon sens contre le réel, il y a la version Coluche, la face dérision, le discours du Français moyen, ce raciste malgré lui que vous voyez partout : « C'est l'histoire d'un mec… heu… normal… Un blanc… mais pas un juif, sinon ce serait une histoire juive ». Vous voyez bien que même retournée dans tous les sens, il y a une réalité française, une évidence que nous n'avons pas besoin de rappeler tellement elle saute aux yeux, tellement elle s'impose : un pays de race blanche, de culture grecque et latine et de religion chrétienne. Nous autres jaunes, noirs ou bruns, juifs ou zoroastriens comme tous ceux qui ne sont pas très catholiques, y avons toute notre place, et certains occupent même des places enviées. Il est bien qu'il y ait des « Omar Sy » et des « Jean-Jacques Goldman », des « Killian M'bappé » et des « Djamel Debbouze » mais la France reste un pays, etc. Comme tout ce beau monde, vous et moi sommes la marge dans ce pays et la plupart des autres, la norme. Ce que vous appelez privilège blanc n'est que l'avantage naturel qu'il y a à appartenir à une majorité. Prenons deux exemples qui nous concernent tous les deux.

Politiquement, vous appartenez à la majorité des immigrationnistes, avec la gauche, le centre et la droite, avec Danièle Obono et François Fillon, et tous ceux qui, comme Alain Finkielkraut, voient le désastre qui advient et la submersion de notre civilisation, mais qui, malgré tout, votent pour la poursuite de l'immigration en votant Macron. Le lendemain de chaque élection, vous êtes dans le camp des vainqueurs, et pendant cinq ans, vous savourez votre victoire dans un pays qui s'enrichit d'un million de nouveaux arrivants tandis que je meurs d'inquiétude pour la mémoire de Colbert, l'avenir de mes petits-enfants et à peu près tout ce que j'aime. Là, vous êtes majoritaire.

Médiatiquement, vous menez une carrière brillante : on vous voit à la télévision, on vous entend à la radio. Vous semblez convenir aux promoteurs de la diversité et aux féministes de tous les genres qui sont aux manettes et qui, de leur propre aveu, écartent des antennes les hommes blancs de plus de cinquante ans. Je ne doute pas de votre talent mais vous arrive-t-il de vous demander si, d'une certaine façon et même pour une faible part, vous ne devez pas votre notoriété et vos tribunes à ce qu'on pourrait appeler un privilège femme doublé d'un privilège noir ? Je parlerais plutôt d'avantages et vous avouerez que vous n'en êtes pas dépourvue, mais au lieu de voir ce verre à moitié plein, vous vous plaignez. Je vous cite : « Je n'ai pas les moyens d'oublier ma condition raciale, car il se trouve toujours une personne ou une situation pour me le rappeler. Se penser en dehors de toute considération raciale (ou raciste) est un luxe dont ne disposent pas les personnes qui encourent vingt fois plus de risques d'être contrôlés par la police. »

Je ne reviendrai pas sur ce fantasme et cette foutaise du contrôle au faciès qui relèverait du racisme, je vous poserai simplement une question : mais qu'êtes-vous venue faire dans cette galère, dans ce pays où l'on ne vous permet pas de vous penser en dehors de toute condition raciale (ou raciste), sur ce continent où l'on vous voit noire ? Entre nous, si vous voyez du racisme dans le fait que l'on vous voie noire, je comprends que vous le voyiez systémique et partout, le racisme. Mais surtout, je vais essayer de vous faire comprendre mon point de vue en vous parlant de moi. Ma mère est juive mais mon père ne l'était pas, je suis entré plus souvent dans une église que dans une synagogue, je n'ai pas été éduqué religieusement, je n'ai connu ni circoncision, ni bar mitzvah, et je ne suis pas typé. En deux mots, ça ne se voit pas sur ma tronche et pourtant, comme vous dites, il se trouve souvent une personne ou une situation pour me rappeler que je suis juif. Évidemment, je n'ai jamais croisé un racisé ou un religiosé, ou un stigmatisé, ou un contrôlé au faciès, avec, en plus d'un projet antisémite, une hache ou un couteau. L'expérience de l'altérité, de la minorité et de la marginalité ne m'a jamais été fatale mais pour mes amis chrétiens, je reste un juif, on me réserve les blagues antisémites, on me demande ce que je pense de telle déclaration du grand rabbin ou de telle position de Netanyahou, et, vous savez quoi ? Je m'y suis fait. Si j'en souffrais, au lieu de brailler au pays de Léon Blum, j'irais me fondre dans l'anonymat de la foule israélienne, j'irais vivre là où je deviendrais normal, un citoyen lambda. Alors ce n'est pas une invitation mais une simple question : si vous ne voulez plus être noire, ou perçue comme telle au pays de Gaston Monnerville, pourquoi ne pas aller vivre où vous pourriez jouir pleinement d'un « privilège » noir : en Afrique ?

6. Française ?

Mais vous êtes française. Vous le rappelez dans une formule pleine d'énergie et de mise en garde : « En tant que Française, je me sens parfaitement légitime pour critiquer mon pays. Je le rappellerai aux principes dont il m'a abreuvée aussi souvent qu'il le faudra. » Dans la même phrase, vous avez réussi à placer « Française », « légitime », « critiquer », « principes » et « abreuvée », il ne manque que le mot « droits » au pluriel mais ne vous inquiétez pas, on l'entend quand même. N'avez-vous pas l'impression qu'il y a comme un problème ? À l'état-civil, il n'y en a aucun : vous avez des papiers et ils sont parfaitement en règle. Juridiquement, il n'y en a pas non plus : vous avez exactement les mêmes droits qu'Apolline de Malherbe. Pour tout le monde à part peut-être trois péquins chez Rivarol et un chez Radio Courtoisie, vous êtes française. Vous avez remarqué que personne ne s'étonne, ne tique ni ne glousse.

Maintenant imaginez que j'annonce que je suis sénégalais. Je vous parie qu'une fois sur deux, on me regardera pour voir si c'est une blague et que l'autre, on me demandera : « Mais, tu veux dire citoyen sénégalais ? Tu as la nationalité sénégalaise ? » Vous entendez la différence Rokhaya ? Parce que quand vous parlez de vous, on entend que vous ne la voyez pas. Entre être français civilement et l'être *culturellement*, il y a un pas. Quelques millions d'autres l'ont franchi avant vous, des millions avec sûrement plus de handicaps et peut être moins d'orgueil que vous, et ils le sont devenus, eux-mêmes ou leurs petits-enfants. Ils ont donné des prénoms français à leurs enfants, en signe de bonne volonté. Le vôtre est exotique, et dur en français. Il évoque la rocaille, le choix peut surprendre pour une jeune fille qui aspire à réussir en France. Si vos parents n'ont pas craint qu'il soit un handicap dans notre pays au racisme systémique et au privilège blanc, s'ils n'ont pas eu la prudence de vous appeler Corinne, parce que Corinne Diallo c'est plus Français, ils ont eu raison. Ils ont parié que les Français s'y feraient et ils ont fait le bon choix. Vous voyez, tout le monde s'est habitué. Cela aurait été pu être plus risqué, et plus gênant, ils auraient pu vous appeler Maboula. Et encore, ça ne semble pas lui poser de problème, certains la prennent au sérieux malgré tout.

À l'échelle de l'histoire de France, vous êtes arrivée il y a cinq minutes, et forte de votre droit, vous vous « sentez parfaitement légitime pour critiquer (*votre*) pays ». Aucun juge n'y trouvera rien à redire mais encore une fois, ne comprenez-vous pas que cela agace ? Je dois vous le dire, je n'ai pas cette audace. Moi qui suis arrivé avant avant-hier par l'Alsace et avant-hier par l'Algérie, même si mon identité ne me file aucun complexe, je ne me sens pas encore aussi français qu'Eugénie Bastié est française. Toute mon enfance, j'ai entendu mes parents, Français d'Algérie, dire en parlant des Français de France : les Français. Je les ai entendus nous décrire sur le ton de l'humour, les nombreuses petites différences entre eux et nous. Je vous en donne une parce que j'entends encore mon père au début des années soixante-dix : « Ces Français, tous des falsos (des couards), ils s'insultent au volant dans les embouteillages mais personne ne descend jamais de sa voiture pour s'expliquer comme un homme ». Et puis, je me souviens l'avoir entendu trente ans plus tard après un échange vif avec un automobiliste : « Quand je pense qu'il y a trente ans, je serais descendu et je me serais battu… »

Il nous a fallu à tous quelques décennies pour comprendre, et pour reprendre cet exemple, que l'abandon d'une forme de petite barbarie que nous appelions « courage » était la condition que personne ne nous posait mais qui s'imposait pour que nous devinssions un peu plus Français, Français de France. Et quand bien même fallait-il en passer par un apprentissage de ce qui ressemblait à de la lâcheté, nous y consentions pour entrer dans la civilisation (le remplacement des relations guerrières par des rapports civils), dans la civilisation française. Et voyez-vous, si aujourd'hui je répugne à en venir aux mains avec des fâcheux, c'est parce qu'aujourd'hui, se battre dans la rue, ça fait racaille, et donc que ce n'est pas français.

Je ne me sens rien d'autre que français, et quand je suis à l'étranger, tout me manque très vite, même vous Rokhaya, mais je sens bien qu'il y a plus français que moi, que je ne suis pas « canal historique ». Quand on raille mon patriotisme un peu emphatique, je vois que je suis encore un peu un aspirant Français, un converti plein d'espérances. Mais pour espérer le devenir pleinement, pour qu'un jour des Français disent de moi : « voilà un Français », je ne relis pas le Code civil ou la Déclaration des droits de l'Homme : je lis Flaubert ou Chateaubriand.

Un jour, un de mes articles où j'avais écrit que « l'honneur français empêchait un homme de lever la main sur une femme », a été diffusé sur le site de l'Action française. Cela vous surprendra peut-être et vous consternera sûrement mais l'hommage de ces royalistes à un youpin qui porte un nom de bougnoule m'est allé droit au cœur. J'ai vu dans cette façon que les maurassiens d'aujourd'hui avaient de faire mentir leur mentor sur l'idée qu'un juif ne pouvait pas comprendre la France, comme les bases possibles d'une réconciliation. Pas celle que propose Soral, notre intellectuel aux manières de voyou, qui cherche à réconcilier les Français et les Arabes sur le dos des juifs, mais plutôt comme celle qui demande de la bonne volonté pour éviter les sentences anachroniques, du pardon pour les erreurs passées, de la bienveillance et de la compréhension mutuelles. Être vu comme français, ou comme quelqu'un qui sait ce qu'est être français par les autres Français, jusqu'aux plus exigeants, voilà mon ambition.

Quelle est votre ambition Rokhaya ? Depuis qu'on vous a lu vos droits et qu'on vous a lâchée dans les médias, est-ce de rappeler à la France, à force de récriminations et de reproches, les principes dont elle vous a abreuvée ? Autrement dit, les promesses qu'elle vous aurait faites et qu'elle ne tiendrait pas ? Finalement, alors que vous venez de débarquer, vous faites l'inventaire de ce qui ne va pas et de ce qu'il conviendrait de changer pour que la France soit à la hauteur de ses ambitions, et de ses prétentions. C'est ambitieux mais n'est-ce pas un peu prétentieux, surtout quand l'analyse de votre discours fait apparaître que vous ne comprenez rien au projet, à l'idéal et à l'histoire de ce pays ? Ni même à sa réalité.

Pour nous prouver que le racisme frappe les minorités dans toutes les classes sociales, vous évoquez le cas de Christiane Taubira. Je vous cite : « Je ne souscris pas à ce discours qui ne considère que la classe sociale, car elle ne préserve personne du racisme qui frappe, quelle que soit sa position sociale (pensons à notre ancienne Garde des sceaux Christiane Taubira) ». Je vous le confirme, Rokhaya, personne n'est à l'abri d'attaques racistes, nous l'avons vu récemment quand la députée Danielle Obono a exprimé publiquement son regret de voir nommer encore un homme blanc au poste de Premier ministre, mais personne n'a parlé de racisme systémique dans les rangs de la France insoumise.

Revenons à Christiane Taubira. Voilà une femme noire venue d'Outre- mer, qui s'est élevée par la méritocratie républicaine dans un des partis les plus anciens de France, qui est devenue ministre de la Justice. Pour avoir proposé et fait voter une loi sur le mariage gay particulièrement clivante et fortement contestée par des millions de Français, elle a été insultée de façon clairement raciste par *une* personne. Pour ça, l'auteur des injures a été virée de son parti, poursuivie en justice sans tarder et la chose a été condamnée par une classe politique unanime, et par le pays tout entier.

Voilà ce qu'est le racisme dans notre pays : une infamie, une tache qui vous condamne au bannissement, à l'exclusion et aux poursuites judiciaires. Mais, pour une personne, vous persistez à voir et à faire croire qu'il y a système là où il n'y a qu'exceptions. Et quand bien même il y en aurait eu 10 ou 100, ou 1000, est-ce cela un pays raciste ? Et vous voudriez avec de telles escroqueries intellectuelles que l'on vous prenne au sérieux, que l'on « fasse preuve de respect » pour ce que vous appelez « vos travaux » ? C'est beaucoup demander.

Au risque de donner dans le *mansplaining* (cette pratique sexiste et paternaliste qui consiste pour un homme à faire taire une femme pour lui expliquer la vie), je vais vous expliquer la France. Ce n'est pas dans votre lettre mais je vous ai souvent entendue parler de votre boulangère voilée qui faisait une excellente baguette, ce qui vous permettait de déduire que le voile pouvait être une tenue française. Oui mais non, cela n'est pas affaire d'équation. Baguette + voile n'égale pas France. Même en étant meilleure ouvrière de France pour la qualité de son pain, avec un voile islamique, on n'est pas française : on ne l'est pas quand, au pays des hommes et des femmes libres, on affiche sa soumission. C'est une offense, il y a incompatibilité de mœurs. Et quand le voile est un peu trop noir et un peu trop couvrant, quand on se pavane dans l'uniforme de l'ennemi, c'est une insulte.

Je suis désolé de vous l'apprendre mais vous êtes complètement à côté de la plaque, personne ne vous le dit, ni chez Thomas Sotto, ni chez Ali Baddou, alors comment vous en vouloir ? Le président lui-même n'a-t-il pas déclaré : « Il n'y a pas de culture française mais des cultures en France » ? Et l'erreur est si répandue, l'ignorance si partagée qu'il a été élu. Nous ne sommes pas l'Angleterre ou l'Amérique, nous sommes tout aussi accueillants mais plus exigeants. Une intégration dans la vie économique ne suffit pas à faire un Français, ni une Française. Cela permet tout au plus de « faire France », comme en trompe-l'œil, comme des enfants qui jouent et qui se la racontent : « On dirait qu'on serait

Français ! ». Alors personne ne vous en voudra pour vos erreurs, sauf si vous persévérez.

Vos critiques témoignent pourtant d'une exigence vétilleuse qui vire parfois à l'intolérance mais elles ont un objet unique : ce que vous essayez de faire passer pour du racisme. Or cette exigence n'est pas française, et même pas républicaine. Elle le serait si vous reprochiez à votre pays les libertés qu'il prend avec la laïcité, avec sa laïcité, la laïcité à la française. Mais vos reproches vont dans l'autre sens. Chez vous, la laïcité doit être inclusive, et ne l'est jamais assez. Ce que vous voulez nous faire avaler n'est qu'un concept défrancisé, réduit à une inoffensive tolérance religieuse, à l'américaine. L'histoire de France qui se confond avec celle des guerres de religion a produit une législation pour tenir en respect les bigots de toute obédience. L'Amérique a été bâtie par les culs-bénits persécutés dans toute l'Europe qui jurent aujourd'hui sur la Bible. Vous voyez, votre laïcité n'est pas de chez nous, c'est un modèle d'importation qui ne convient pas sous nos climats. La nôtre, bien française, est faite pour protéger les caricaturistes qu'on assassine, pas le droit de votre boulangère à cacher ses cheveux sous un fichu, ou ses miches dans un sac informe et soi-disant pudique. La pudeur, ce n'est pas l'éteignoir de nos pensées érotiques, c'est le souci de ne pas se faire remarquer. Ici, c'est cette façon grossière de jeter son identité à la face du monde qui est obscène, ici, chez *nous*, et je vous inclus dans ce « nous », c'est le voile qui est impudique.

« Rappeler à mon pays ses principes aussi souvent qu'il le faudra » est non seulement une position un peu indélicate dans votre situation de néo-Française, d'afro-Française si l'on suit vos obsessions, mais c'est une posture qui relève presque de l'escroquerie intellectuelle. Si la laïcité est dévoyée, amputée de ce qui faisait sa spécificité française, l'émancipation de l'individu, idée autrefois si chère à la gauche, est avec vous totalement trahie. Ce que cachent vos injonctions à respecter les différences n'est pas beau à voir, et pour un progressiste comme moi, la régression qu'entraîne, qu'implique, que dissimule votre baratin sur la tolérance est un crève-cœur. Je vous cite : « À votre universalisme conservateur qui ferme les yeux sur les problèmes… incapable de nommer les problèmes et de décrire les discriminations et leurs sources… je préfère mon universalisme qui implique la reconnaissance de tous les particuliers. » Dans la réalité, « Venez comme vous êtes », c'est l'abandon de la mixité dans l'espace public quand la rue est aux hommes venus d'ailleurs. Ce sont (et je le tiens d'une infirmière dans ma banlieue lointaine) ces femmes turques cloîtrées dans une demi-pièce séparée des hommes par de grands draps. Ce sont (selon une psychologue scolaire qui travaille à Grigny) ces jeunes filles bonnes élèves qui disparaissent de l'école à la puberté. C'est la polygamie à peine dissimulée et l'excision qui se répandent, c'est l'explosion des violences sexuelles et les prisons remplies de jeunes hommes noirs et arabes, ou « perçus comme tels », comme vous dites.

Votre universalisme contre notre universalisme ? Si le mot n'est plus capable de nous départager, s'il n'est plus aujourd'hui qu'un « en même temps » de plus, c'est qu'il est bon à jeter. Abandonnons ce terme qui nous rappelle les heures les plus optimistes, les plus généreuses, les plus idéalistes et, je vous l'accorde, les plus présomptueuses de notre histoire et remplaçons-le. Je propose « occidentalisme », soit un ensemble de valeurs et de coutumes qui ne prétendent plus éclairer le monde de leurs Lumières mais qui définissent ce qui convient le mieux aux peuples occidentaux. Si les valeurs nées en Occident ne sont pas du goût de tout le monde, renonçons à les révéler et à les exporter. Si tant de gens semblent préférer la charia, la polygamie ou l'excision à nos mœurs et à nos droits, grand bien leur fasse, mais chez eux. Ici, c'est chez nous. Pas le pays ou le continent des chrétiens blancs mais la terre des émancipations occidentales, la terre des hommes et des femmes libres, affranchis, francs, français, et qui entendent le rester.

Votre « universalisme qui implique la reconnaissance des particuliers », dans la vraie vie, ce ne sont pas seulement des ateliers dans les facs, bidons et revanchards, fermés à tout ce qui représente « l'oppression » pour que puissent bavarder, sans être dérangées par la présence d'une altérité, des gouines de couleur, mais c'est aussi Dijon, où des tribus musulmanes en pays conquis règlent leur conflit à la mosquée. Votre projet pour la France, même si vous ne le voyez pas, c'est Dijon-sur-Seine, Dijon-sur-Marne, Dijon-sur-Saône, Dijon-sur-Garonne, Dijon-sur-Loire,

Dijon-sur-Moselle, c'est Dijon partout, et dans les Bouches-du-Rhône, c'est Marseille.

7. Racisme systémique, et son déni

« C'est cette France du déni (de racisme) peu habituée à la remise en question que j'interpelle sans relâche ».

J'ai relu plusieurs fois cette phrase pour comprendre ce qui clochait et j'ai fini par trouver. C'est le mot « France », ou bien c'est tout le reste, enfin les deux ensemble. « Déni de racisme », « peu habituée à la remise en question ». Mais où avez-vous vu jouer cela ? Quelle France du déni peu habituée à la remise en question interpelez-vous sans relâche ? Quelques bastions du bon sens qui refusent de rendre les armes de la raison et de la science historique et résistent à la propagande générale dont vous êtes l'un des soldats, tout au plus.

Pour le reste du pays, vous avez gagné. Après quelques décennies pendant lesquelles l'enseignement de l'histoire de France a été remplacé par l'enseignement de l'histoire de France criminelle ou collabo, vous interpelez non seulement dans votre zone de confort mais dans votre zone de conformisme. Dans mes conversations politiques ou historiques avec ceux de mes amis qui sont français depuis plus longtemps que vous et moi, je constate immanquablement que nous vivons dans un pays chrétien, au pays de l'antiracisme systémique et du *mea culpa* généralisé et institutionnalisé. Lancez une conversation sur les religions et vous aurez un réquisitoire contre la religion des croisades et de l'Inquisition, celle de la persécution des Cathares, des protestants ou des juifs ou de ces sages-femmes qu'on appelait sorcières pour pouvoir les brûler, de l'excommunication des comédiens, de l'intolérance au blasphème et du supplice du chevalier de la Barre ou de Galilée, celle d'un clergé profiteur et corrompu, celle du silence pendant l'extermination ou de la complicité avec Hitler, celle de l'ordre moral catholique qui asservit les femmes... On en est à se demander ce qui est arrivé à cette religion qui faisait trembler le monde quand on entend le pape, quand on voit ce qui reste chez nous de plus de mille ans de chrétienté : des pénitents qui appliquent les Évangiles littéralement, sans discernement, salafistement mais pas dans la conquête et le meurtre, dans le suicide et dans l'effacement, et qui accueillent des migrants.

Parlez avec des lycéens et des étudiants, Rokhaya, et vous verrez ce qu'ils ont retenu de l'histoire de France. Les guerres sont des poussées xénophobes qui frappent les peuples atteints de nationalisme, cette maladie qui mène à la guerre ; les croisades, des entreprises islamophobes - mais dans leur bouche, ce n'est pas une qualité ; la colonisation est un génocide, un crime contre l'Humanité ; la guerre d'Algérie, un remake de *L'Armée des ombres* avec un vaillant FLN qui résistait à la barbarie gestapo-parachutiste ; les guerres civiles, ethniques, tribales africaines, notre faute (on leur vend des armes), et quand ils se génocident à la machette, c'est encore nous, on en a trop fait, ou pas assez ; quand on intervient en Irak contre un dictateur, on a bien tort, on sème le chaos, et quand en Syrie, un dictateur sème le chaos, on n'intervient pas et on devrait.

Partout, l'esprit critique est définitif mais bloqué en mode mono, la stéréo n'est pas au programme. Demandez à ces jeunes où est l'urgence dans leur lycée, ils vous répondent : débaptiser le lycée Colbert, et le rebaptiser lycée Rosa Parks. Et réduire son bilan carbone. Et vous voyez un déni de racisme ? Et ne voyez pas de remise en question, vraiment ?

Regardez autour de vous, Rokhaya, *black is beautiful* et on n'a jamais été aussi *proud to be Black* : le hit-parade est très en couleur, et sur les affiches publicitaires ou institutionnelles, de souriantes personnes diverses occupent la place centrale ; les délinquants noirs ornent les fresques et les policiers sont au tribunal médiatique ; les prisons sont noires de jeunes et les Blancs mettent un genou à terre. Franchement, Rokhaya, vous êtes au pays de l'antiracisme institutionnel et assimilé, de l'abolition de l'esclavage, de Gaston Monnerville et de Omar Sy, et sans rien voir ou nonobstant, vous interpelez sans relâche parce que vous voyez un déni de racisme.

Parfois, votre activisme me rappelle un truc qui m'est arrivé dans le 18e arrondissement de

Paris, dans un wagon du métro au niveau de la station Marcadet-Poissonniers. Je demande à un jeune homme bien noir, perçu comme tel ou pas, de bien vouloir « baisser votre musique, s'il vous plaît monsieur. » Et il me répond : « Vous êtes raciste ? » peut-être parce qu'étant beaucoup plus normal, majoritaire que moi dans la rame, il voulait me faire savoir que voyager sans entendre à fond son insupportable musique afro-française n'était plus une demande légitime, que c'était un privilège blanc.

Voilà où mènent vos concepts victimaires et votre racisme imaginaire quand ils descendent dans la rue. Vous nous avez prévenus que nous sommes tous racistes, c'est systémique, et que notre privilège est de ne pas le savoir, c'est le propre du privilège blanc, et vous nous signalez ce qui ne va pas chez nous, ce qui heurte la sensibilité de votre communauté, sans relâche, comme vous dites, puis vous nous indiquez ce qui doit changer. Les Afro-Français qui vous emboîtent le pas ou marchent de leur côté avec la « j'm'en bats les couilles attitude » rappellent que les modes de vie noirs comptent, et que le temps du respect des minorités est venu, parfois violemment. La lutte pour les droits civiques devient une lutte pour le droit aux incivilités, aux susceptibilités, aux intolérances, aux impitoyables lynchages.

Contre Guerlain qui a eu le tort de trouver que la Gare du Nord ressemblait à l'Afrique, alors que tout le monde voit bien la différence : à Paris, les trains partent à l'heure. Contre un vieillard qui a loupé quelques leçons de rééducation, on sonne la charge de la protestation, on organise le boycott et le bannissement, et les Noirs professionnels, les staliniens de l'antiracisme mènent le procès. Pauvre Guerlain devenu un pestiféré pour avoir commis le crime de parler à 80 ans comme il l'avait toujours fait. Est-ce qu'on embête ces vieilles femmes voilées qui se dandinent dans leurs sacs ou dans leurs boubous, au pays de l'élégance ? Non. Alors ne pouvez-vous pas laisser Guerlain vieillir tranquille et dire ce qu'il veut ? Il est chez lui, plus que vous et plus que moi. Haussons les épaules. Comme quand un vieil oncle lance une chanson paillarde à la fin d'un banquet, tout au plus.

Le message est clair à présent : votre susceptibilité fait foi. Puisqu'on nous a dit que les caricatures vous offensent, et les *black faces*, et l'appropriation culturelle, si nous insistons, c'est que nous vous insultons. Comme pour Charlie, on nous a prévenus, Rokhaya nous l'a dit, les jeunes nous l'ont redit, après des siècles de racisme et d'esclavage ou d'humiliation des Arabes, ça suffit, on envoie les sections d'assaut, les SA, les troupes de choc du nouveau totalitarisme racial ou religieux, les frères Kouachi ou les brigades anti-négrophobie. Quand j'entends le manque de respect pour ma culture, je sors ma Kalach ou les brigades noires ! On assassine des blasphémateurs, on bouscule des comédiens, on culpabilise, on intimide, on terrorise, on en impose, on s'impose. Les nazis ne procédaient pas autrement, c'est pour défendre des minorités allemandes soi-disant humiliées, soi-disant menacées qu'ils ont commencé à grignoter l'Europe pour finir par l'envahir. Cette fausse défense du faible prétendument opprimé, cette sensibilité feinte n'est qu'une posture dans la revanche que vous menez, dans la conquête qui vise à nous faire mettre un genou à terre, pour commencer. Alors quand, selon vous, je vous reproche « de vouloir asseoir la domination des minorités pour mieux éradiquer les pauvres hommes blancs étouffés dans leur culpabilité », je plaide coupable. Zemmour l'a dit avant moi, mais je parlerai de *processus* d'éradication plutôt que d'entreprise. Il est lent, presque imperceptible, comme le mouvement de la terre qu'on ne sent pas tourner jusqu'au moment où il fait nuit noire. Mais votre formule ironique est amusante. Comme un film en accéléré.

8. Ingratitude

Là où je vous retrouve et vous trouve un peu gonflée, c'est quand vous écrivez ceci : « On a plutôt tendance à valoriser les minorités lorsqu'elles se contentent de formuler une reconnaissance béate. Ce n'est pas mon cas. » Peut-être l'ignorez-vous, mais quand j'étais écolier, à la fin des années 60, on chantait : « Un jour dans sa cabane, un tout petit petit négro, jouait de la guitare, oléoléo banjo. » On le chantait sans malice, peut-être en classe, je ne sais plus très bien. Et dans les boulangeries, on trouvait des « têtes de nègre ». Et puis on s'est mis à chanter « un tout petit bonhomme », et tant pis pour la rime, et les gâteaux sont devenus des « boules coco ». Sans pression, naturellement et délicatement, les Français ont choisi ou accepté de changer, pour ne pas faire de peine à des petits enfants noirs quand ils apprennent des comptines ou entrent dans les pâtisseries. Sans aller jusqu'à la béatitude, ces attentions généreuses, chaleureuses, bienveillantes, accueillantes ne vous inspirent aucun sentiment de reconnaissance ? Et cette histoire qui commence par « nos pères les gaulois » enseignée aux élèves d'avant. N'êtes-vous pas touchée par ces gens qui vous prêtent leurs ancêtres et qui tiennent leurs promesses, qui restent fidèles à leurs principes, qui s'obstinent et s'exténuent à faire des Français avec le Tiers-monde entier, et à les garder, quoiqu'il en coûte ? Ces racines que l'on vous donne en partage avec la nationalité et le droit du sol, ce geste pour vous mettre à l'aise au sein de la famille nationale, sans demander à voir la couleur, ne suscite chez vous aucune gratitude ? La nationalité est un droit sacré et toutes les tentatives de déchéance se brisent sur les remparts du législateur et du juge, même pour nos pires ennemis, malgré les morts nombreuses, atroces, innocentes, dans la guerre qu'on nous mène. N'êtes-vous pas émue par ces Français blancs qui se tiennent remarquablement et dignement, bien adossés à leurs principes ? Ceux qu'on égorge au hasard et au cri de *Allah Akbar* et qui s'empressent de sonner l'alerte : attention, pas d'amalgame. Pas le moindre débordement après la mort du père Hamel qui animait une association de dialogue avec l'islam, égorgé dans son église (et dans le cadre de son action pour l'insertion de jeunes musulmans, mort d'un accident du travail ?). Pas la moindre ratonnade après des vagues d'assassinats et d'attentats. On défile ennounoursés avec des pancartes « Vous n'aurez pas ma haine ». Malgré tout cela, vous trouvez à redire sans jamais dire merci. Voyez-vous, même quand j'enrage devant tant de pacifisme, je suis touché au cœur par notre pays, pas tant par la grandeur de la France que par la bonté des Français.

Ailleurs, ça ne se passe pas comme ça. Demandez aux Français blancs de Côte d'Ivoire, à ceux de Tunisie, à ceux des Antilles si leurs concitoyens divers sont aussi magnanimes quand ils les pillent après une décision politique française, quand ils les menacent après des caricatures du Prophète ou quand ils les attaquent après un ouragan. Alors vraiment, aucune reconnaissance ? Même quand vous comparez, vous ne vous consolez pas ?

Vous demandez-vous parfois ce que vous seriez sans la France, Rokhaya ? Pour Houria Bouteldja, Alain Soral qui est encore celui qui en parle le mieux, a répondu. Je le cite de mémoire : « Sans la France, Houria Bouteldja élèverait des chèvres dans une région de moyenne montagne, elle aurait été mariée à 13 ans, elle aurait un point rouge sur le front et elle fermerait sa gueule ». Vous n'êtes pas aussi brutale que l'Indigène, terme usurpé puisqu'ici, les indigènes, c'est nous (encore un mot de Soral qui faisait des étincelles avant de s'enfoncer dans le même sillon), et, sans assimilation, les colons c'est vous. Quand on arrive quelque part et que l'on impose son mode de vie, c'est de la colonisation. Vous savez ce que c'est. À ceci près que cette colonisation ne construit pas les hôpitaux, elle les remplit.

Vous n'êtes pas aussi brutale dans votre expression qu'Houria Bouteldja mais finalement, dans votre phrase sur les minorités « qui se contentent de formuler une vague reconnaissance béate », formule subtile, ironique et un peu provoc sur la fin, ne trouve-t-on pas aussi les juifs, la France, et vous[2] ? Mais restons sur ce que vous avez écrit puisque vous y tenez. Vous n'êtes donc pas de ces gens qui « ont tendance à valoriser les minorités lorsqu'elles se contentent de formuler une reconnaissance béate ». On sent là toute votre fierté décoloniale : les communautés qui fayottent, ce n'est pas votre genre, vous semblez préférer celles qui luttent, qui résistent, qui se rebiffent, par nature, par principe, partout et tout le temps. Mais jusqu'où va votre défiance pour la reconnaissance ? Jusqu'à Anelka qui voudrait bien faire croire que sa négritude est un obstacle pour faire carrière en France ? Jusqu'à Dieudonné qui dénonce les coupables des maux qui nous accablent, jusqu'à Coulibaly qui passe à la pratique et prend les armes ?

Quels sont vos modèles, Rokhaya ? Malcolm Little devenu Malcolm X dans le pénitencier où il purgeait une longue peine pour vols avec effraction ? Louis Abdul Farrakhan qui déclarait : « L'infériorité de la race blanche et de la religion chrétienne est démontrée par le fait que, en commençant par les découvertes scientifiques,

2.Houria Bouteldja a publié un livre intitulé *Les Blancs, Les juifs et nous.*

toutes les conquêtes de l'humanité sont le mérite de l'islam. Le seul Blanc digne de respect, c'est mon idole Adolf Hitler, qui a éliminé beaucoup de juifs » ? Muhammad Ali : « Si je vivais en Alabama, je voterais pour celui qui ne mélange pas les Blancs avec les Noirs. Moi, je ne vote pas avec des types comme Sammy Davis, qui se marient avec des blondes suédoises. Les chiens doivent rester avec les chiens, les morpions avec les morpions, les Blancs avec les Blancs » ? Ou Martin Luther King que les Black Muslims appelaient oncle Tom ?

Et en France aujourd'hui, quelles minorités à la reconnaissance béate visez-vous ? Celles qui choisissent la France et sa civilisation, aujourd'hui et dans l'Histoire ? Les juifs d'Algérie qui se souviennent qu'ils rasaient les murs dans la dhimmitude de l'empire ottoman et qui ont choisi la lumière, la sécurité, la justice en rejoignant le camp du nouveau colon ? Et plus généralement, toutes ces communautés, tous ces peuples et tous ces individus qui ont choisi le camp du progrès, de la raison, du droit, de l'égalité des chances, de la démocratie, de la littérature qui libère, de la méritocratie qui ouvre toutes les voies, ceux qui ont choisi de servir la France, et qui sont reconnaissants ? Sont-ils risibles ?

Que sont-ils dans votre formule et dans votre monde imaginaire où la colonisation est un crime ? Des complices ? Des collabos ? Des traîtres à la convergence des luttes contre l'oppression ? Et les Harkis, même combat ? À quelles autres minorités béates faites-vous allusion avec condescendance ? À ceux qui sont heureux comme des papes en France d'assimiler les codes, les goûts, les manières, la culture, la terre de France, qui sont discrets, humbles, respectueux, urbains, civils, in-nocents ? À ceux dont les coutumes, les accoutrements, les horaires, les bruits et les odeurs restent privés ? À ceux qui donnent des prénoms français à leurs enfants parce que c'est une chance pour leur avenir, et parfois une fierté pour la famille ? Qui leur apprennent à rester polis avec leurs professeurs et avec tous les adultes, qui n'ont pas besoin de leur dire comme l'éducateur à mon jeune aspirant apprenti : « Si tu as un problème, tu ne frappes pas le patron ! » ? Qui leur expliquent que se soumettre à un contrôle de police, ce n'est pas se soumettre à un Blanc aux pratiques racistes, et qu'il n'est pas humiliant d'obéir à un représentant de lois votées par des élus du peuple, et mandaté par une justice qui agit au nom du peuple français ? Enfin en principe mais là on ne vous entend pas dénoncer la faillite de l'État dans sa promesse d'assurer la sécurité des biens et des personnes. Ah si, celle des pauvres jeunes qui subissent des jurons racistes et à qui on ne donne pas à manger en garde à vue mais pas la sécurité de ceux qu'on tabasse à mort dans la rue, qu'on cambriole, qu'on viole, qu'on tue et qui, intimidés par vos culpabilisations, ne comprennent pas la nature de la violence qui les frappe ni la culture de ceux qui les agressent.

Quelles communautés regardez-vous comme on regarde les premiers de la classe en banlieue ? Celles qui donnent à la France plus de médecins, d'avocats, d'ingénieurs, d'intellectuels, de patrons que de dealers, de voleurs, de braqueurs, de terroristes ou de trafiquants ? Celles qui retirent leurs enfants de collèges où on ne peut plus assurer leur sécurité et qui financent leur instruction dans le privé ? De quelles minorités vous moquez-vous, sans en avoir l'air ? Celles dont les jeunes lancent des entreprises, des *start-up*, des commerces ? Peut-être votre estime va-t-elle de préférence à ces minorités dont les rejetons qu'on appelle en Suisse la racaille française, sont refoulés à l'entrée des piscines, à ceux qui remplissent les Zones d'Éducation Prioritaires, arrosées de toujours plus de moyens pour toujours moins de résultats ?

Est-ce un penchant pour les minorités rebelles en pays conquis, pour les identitaires qui entendent garder leurs particularités même les plus incompatibles, qui inspire votre « *universalisme qui implique la reconnaissance de tous les particuliers* » ? Ou est-ce parce que la dette est trop lourde ? Vous savez ce qu'on dit, on peut pardonner à ceux qui vous ont fait du mal mais on en veut toujours à ceux qui vous ont fait du bien. La France vous a fait un bien fou, et vous ne voyez pas comment rembourser. Comment rendre ce qu'on vous a donné, ce qui vous a permis de devenir ce que vous êtes ? Ce n'est pas dur, la France est bonne fille, elle se paye de mots, le témoignage d'un peu de reconnaissance, d'un peu de gratitude suffirait.

9. Validisme

Pour finir, à la relecture de votre lettre, je vous accorderai un point. Si vous souffrez d'une obsession racialiste, je vous le confirme, il vous arrive d'y échapper pour évoquer d'autres sujets et d'autres opprimés, notamment quand vous composez le camp du bien de toutes les luttes convergentes contre le sexisme, l'homophobie et le « validisme » - qui désigne l'oppression et les discriminations des personnes vivant en situation de handicap (ou perçues comme telles ? Non, pas là). Je suis ravi d'avoir découvert le validisme parce que j'ai une histoire de menuisier à vous raconter et je ne savais pas sous quel chef d'inculpation la ranger.

Quand je vais me ravitailler chez mon quincailler, dans une zone artisanale assez récente, conçue selon les normes actuelles, il y a devant le magasin quatre places de parking dont une réservée aux handicapés. Aux heures de pointe, les places valides ne restent jamais libres longtemps. À peine un serrurier en a-t-il libéré une qu'un plaquiste s'y engouffre avec son utilitaire. Le matin surtout, quand on a du pain sur la planche et que le temps presse, c'est agaçant. On tourne, on vire, on perd du temps. Il y a bien cette place vide, éternellement vide, et large comme une piste cyclable sur un boulevard parisien, au point que l'on pourrait en se serrant, s'y garer à deux, mais personne n'ose y mettre son camion, même pour deux minutes, même quand la commande est prête et qu'on est aux pièces, mais elle est handicapée et nous laisse tous interdits. Peut-être la docilité béate est-elle plus répandue chez les travailleurs de la France périphérique qui se retroussent les manches que la « j'm'en bats les couilles attitude » ne l'est en proche banlieue chez ceux qui tendent la main.

Un jour que j'avais été contraint de laisser mon Master à cinquante mètres faute de place, sauf une, et été obligé de faire deux allers-retours, les bras chargés de coulisses de tiroirs Blumotion 550, 40 kg modèle Tip on et de vis VBA bi-chromatées torx T20, faute d'avoir quatre mains, je demandai aux vendeurs s'il arrivait que cette grande place libre juste devant serve, s'ils voyaient souvent, ou parfois, ou rarement, des types entrer sur une jambe ou sur deux roues pour acheter une chaîne pour leur tronçonneuse ou une fraise pour leur défonceuse. On me répondit en riant, parce que sous les néons d'un hangar on est plus libre de ses rires que sous les spots d'un plateau télé, que non, jamais, que ce n'était jamais arrivé en dix ans, pas une fois.

Ce qui nous a fait rire ce matin-là, Rokhaya, ce n'était évidemment pas le triste sort des personnes infirmes, puisque la cécité ou l'unijambisme sont reconnues comme des handicaps et pas encore comme des différences (si je suis bien à jour) mais plutôt cette place de parking obsolète et caduque en pareil lieu, imposée par une norme à force de pressions d'associations sur des députés tremblants et bien-pensants. On imagine les rédacteurs du projet de loi : « Et

devant les quincailleries professionnelles aussi ? »
« Évidemment, pas de discriminations ! »

Je suis naturellement optimiste et je vois dans le rire validiste des vendeurs de ce matin-là une permission d'espérer que le jour du début de votre fin est proche et que le retour du bon sens est arrivé. Je me dis ça à chaque fois qu'une offensive progressiste aux allures de poisson d'avril est menée mais je pense que votre tentative, votre activisme pour faire apparaître que le validisme est un problème français pourrait bien remettre tout monde dans le bon sens. Partez en croisade contre l'oppression et la discrimination des personnes en situation de handicap, au pays où le moindre monument historique est enlaidi par une rampe en inox ou par un ascenseur transparent mais bien voyant, au pays où les chiottes du moindre petit restaurant doivent mesurer 5 m^2, au pays où un élève autiste peut monopoliser l'attention d'une éducatrice spécialisée à temps plein, où les entreprises sont pénalisées si elles ne remplissent pas leur quota et où les normes pour les handicapés augmentent de 12 % les coûts de construction. Partez donc en campagne dans ce pays-là, et vous n'en reviendrez pas : ce combat pourrait être votre Bérézina.

Ainsi, ce concept qui pourrait avoir une pertinence pour comprendre les sociétés primitives ou le 3ème Reich mais qui n'est qu'une façon d'ajouter un défaut à la cuirasse de l'homme blanc hétéro et maintenant valide pourrait bien déclencher le réveil, le sursaut, le redressement historique dont la France a besoin. Venez emmerder les Français avec le validisme au pays du Téléthon et ils réaliseront peut-être que vous les admonestiez déjà avec le racisme au pays de Gaston Monnerville et avec la domination masculine au pays de ma femme. Faites donc un tour de France au moment des forums des associations, vous verrez que dans le moindre petit village, des gens se rassemblent, s'organisent, cotisent et se démènent pour un puits au Sahel ou une école en Afrique. C'est du colonialisme ? Je vous l'accorde. Ce n'est pas un gros mot et ce sont là les beaux restes de ce que l'on nomme les bienfaits de la colonisation. Et pour votre étude ou vos travaux sur le féminisme et la domination, faites donc le tour de vos amis en couple et revenez nous dire les yeux dans les yeux qui, de l'homme ou de la femme, porte la culotte.

Je dois reconnaître que j'ai déjà fait ce pari au moment de votre « sparadrap tour », lorsque dans les médias, vous étayiez l'idée d'un racisme systémique en France qui discriminait les Noirs puisque tous les pansements étaient blancs, enfin roses pour disparaître sur les Blancs, qui ont la peau rose. Cela témoigne surtout chez vous d'une inculture en économie et d'un refus de voir la société telle qu'elle est, pour vous renvoyer la politesse. Nous vivons sous le régime de la libre entreprise, entravée dans son action seulement par le contrat social et les gardiens convergents de l'ordre moral à coups de charte de la diversité, de normes « handicapés » et de lois anti-discrimination. N'importe qui peut lancer un produit sur le marché s'il croit en ses chances. Pensez-vous que dans l'industrie pharmaceutique, personne n'y ait jamais pensé ? S'il n'y a pas de pansement noir, c'est plus probablement qu'il n'y a pas de marché, qu'il n'y a pas assez d'obsédés de leur race pour acheter le produit. Si vous en doutez, faites-le donc, et si le commerce vous compromet, versez les bénéfices de cette entreprise philanthropique à SOS validisme.

10. Conclusion : le Parti d'en rire

Je l'espère, c'est par le rire que la France échappera à ces nouveaux terrorismes intellectuels, c'est le parti d'en rire qui fera passer vos élucubrations militantes pour des comédies de Molière même pas jouées dans sa langue, c'est la mode du poisson d'avril en toutes saisons qui fera sortir de leur torpeur tous ces braves gens qui ne nous écoutent pas, ni vous ni moi, qui n'ont pas le temps, qui travaillent et qui élèvent des enfants. C'est par ce rire qui parcourt les meetings de Donald Trump quand il se moque d'un handicapé, que vous serez défaite, vous et vos camarades de luttes. Ce rire qui n'est pas celui de l'oppression, mais un rire jubilatoire, libérateur, un rire qui disperse le politiquement correct convergent façon puzzle. Croyez-vous que l'Amérique profonde n'aime pas les handicapés pour s'esclaffer si franchement et si naturellement ? Un jour viendra où les Français riront de bon cœur de toutes vos élucubrations maniaco-progressistes, non pas parce qu'ils n'aiment pas les Noirs, ou les femmes, ou les LGBTmoietmoietmoi mais parce qu'ils en auront soupé des moralisateurs à recherches, des culpabilisateurs à travaux, des emmerdeurs à productions artistiques.

À la France intersectionnée qui se dessine derrière votre projet, je préfère la France bigarrée mais partagée de nos enfances, celle de la fraternité dans sa devise, qui nous invite à être comme frère et sœur. Et j'espère, Rokhaya ma sœur, ma sœur de France, que votre projet sera rejeté. En bloc.

Texte paru dans le numéro
de juillet 2020
du magasine *Causeur*

Lettre à mes ami.e.s réac

de Rokhaya Diallo

Cher.e.s lectrices et lecteurs de *Causeur*,

Que les choses soient claires, je ne vous écris pas pour me rendre aimable à vos yeux. Lorsque je m'exprime publiquement, je ne le fais pas dans le but d'être appréciée, ma vie personnelle me nourrit suffisamment de ce point de vue. Mon objectif n'est pas non plus de ménager les sensibilités si françaises qui surgissent dès lors qu'il s'agit d'évoquer des questions relatives au racisme ou au sexisme.

Ainsi, si vous pouvez parfaitement honnir ma personne ou ce qu'elle semble incarner à vos yeux, de grâce, faites-le pour de bonnes raisons.

Les rares fois où mon regard a croisé des textes publiés dans *Causeur*, j'y étais vertement mise en cause, tantôt accusée de m'abreuver d'un racisme imaginaire, tantôt de vouloir asseoir la domination des minorités pour mieux éradiquer les pauvres hommes blancs étouffés dans leur culpabilité.

Pour commencer, l'obsession « racialiste » que vous me prêtez témoigne surtout de votre inconfort à l'évocation des questions raciales en France. Je suis une femme noire et je l'ai découvert à travers les regards, les interrogations, les suspicions ou les stigmatisations qui ont jalonné ma vie. Si aujourd'hui je suis dans une position sociale plutôt privilégiée, je n'ai pas vraiment les moyens d'oublier ma condition raciale, car il se trouve toujours une personne ou une situation pour me la rappeler. Se penser en dehors de toute considération raciale (ou raciste) est un luxe dont ne disposent pas les personnes qui encourent vingt fois plus de risques d'être contrôlées par la police (les jeunes hommes perçus comme arabes ou noirs). Quand on se voit régulièrement rejeté.e dans la recherche d'un appartement, d'un logement ou de l'accès à un loisir du seul fait de sa couleur de peau ou de son patronyme, il est difficile de s'affranchir d'une lecture de la société tenant compte du racisme. Son impact aussi protéiforme que diffus est beaucoup plus lourd que ce que la plupart des personnes qui ne le subissent pas sont prêtes à admettre. Aussi, faire comme moi le choix de mettre sa plume au service de la lutte contre les inégalités, en particulier contre celles qui font l'objet d'un déni massif, on prend le risque d'être à l'origine de rappels désagréables.

Je fais donc usage de ma position personnelle pour rappeler que la plupart des personnes minorées en France sont encore victimes d'exclusion et j'assume le fait de porter cette parole dans des espaces peu habitués à entendre des voix comme la mienne. Si cela fait grincer des dents, peu importe. Je n'aspire aucunement à devenir la fameuse amie noire qu'invoquent les gens qui ont besoin de se rassurer.

J'estime que mon expérience me rend particulièrement légitime pour évoquer les questions raciales, que je vis dans ma chair en plus de les explorer dans mes recherches, travaux et productions artistiques. Tout comme je pense être plus qualifiée qu'un homme cisgenre[1] pour décrire la douleur et l'inconfort que peuvent provoquer les règles périodiques dans une société dont la priorité n'est manifestement pas d'accommoder les femmes, mais plutôt de leur vendre des produits « hygiéniques » dont la toxicité a pourtant été démontrée à maintes reprises. On est spécialiste de sa condition, car elle charpente la manière dont on appréhende le monde et nous place dans des dispositions qui nous confèrent une acuité que ne possèdent pas les personnes qui ne partagent pas ce vécu.

Me qualifier de « racialiste » est presque comique tant cela témoigne d'une inculture et d'un refus de voir la société telle qu'elle est. Je suis flattée que l'on m'accorde un tel pouvoir, mais je dois faire preuve d'humilité : les catégories que je mobilise pour décrire et dénoncer la mécanique discriminatoire existaient bien avant moi. J'imagine que de nombreuses personnes les ignoraient de manière bien commode et qu'il est plus facile de m'accuser de les inventer et

---

1. Qui s'identifie au genre qui lui a été assigné à sa naissance.

d'insuffler des divisions, qui apparemment ne tiennent qu'à mon existence dans l'espace public, plutôt que de s'en prendre véritablement au mal qui ronge notre société. Tuer le messager porteur de nouvelles désagréables plutôt que d'affronter les conséquences de son annonce est un classique.

M'opposer un universalisme théorique alors que la réalité objective est gangrénée par les méfaits du racisme et du sexisme est une posture parfaitement hypocrite. Un universalisme incapable de nommer les problèmes et de décrire les discriminations et leurs sources est un leurre. À votre universalisme conservateur qui ferme les yeux sur les problèmes, je préfère mon universalisme qui implique la reconnaissance de tous les particuliers.

Si je parle des Blanc.he.s, c'est parce que j'en ai assez de voir le débat sur l'égalité se focaliser depuis des décennies sur les « minorités visibles » et autres « Noir.e.s ou Asiatiques de France ». Comme si elles étaient seules responsables de leur condition et seules engagées dans la dynamique raciale. Si une personne non blanche est discriminée du fait de sa couleur de peau, c'est qu'une personne blanche obtiendra le bien ou le service qui ne lui a pas été accordé. Et cette personne ne le saura probablement jamais. C'est pour cela que l'on parle de privilège blanc. Il ne s'agit pas de dire que toutes les personnes blanches vivent dans un luxe insolent, mais que leur couleur de peau seule ne sera jamais un obstacle pour avancer dans notre société, et qu'elle constitue même un avantage par rapport à des personnes qui, elles, savent que leur couleur de peau constitue un désavantage certain. À conditions égales, il est évident que le fait d'être blanc est plus favorable dans quasiment toutes les circonstances quotidiennes. Et surtout quand on est blanc, on a le choix de ne pas penser à sa couleur de peau, car elle ne nuit jamais à son évolution sociale.

Par ailleurs, je ne souscris pas à ce discours qui ne considère que la classe sociale, car elle ne préserve personne du racisme qui frappe, quelle que soit la position sociale (pensons à notre ancienne garde des Sceaux Christiane Taubira).

La question raciale n'est évidemment pas la seule clé de lecture des inégalités qui s'expriment aussi sur le plan socio-économique, ou à travers le sexisme, l'homophobie ou encore le validisme2. Mais cette question est transversale, elle ne concerne pas qu'une partie de l'échiquier politique. Contrairement à ce qui dominait l'antiracisme des années 1980, je ne crois aucunement que la gauche soit miraculeusement hermétique à tout racisme, et que seule l'extrême droite pose problème. Cette idéologie qui gangrène une société n'est pas celle d'un camp. Oui, vous avez bien lu, je crois en l'existence d'un racisme systémique, qui n'est pas le seul fait de quelques individus problématiques, mais le fruit d'une histoire. Comme aux États-Unis. Nos pays sont certes différents, ne serait-ce que parce que la violence policière, voire la violence en général, est autrement plus endémique en Amérique. Il n'est pas besoin d'« importer » la grille de lecture des États-Unis sur la France, ce dont on m'accuse souvent : en matière de racisme, la France se débrouille très bien toute seule.

Nous avons une histoire esclavagiste et américaine qui est encore lisible dans la constitution même de nos territoires. Si des départements

2. Oppression et discriminations des personnes vivant en situation de handicap.

français sont situés sur le continent américain ou dans l'océan Indien, c'est bien parce que la France était une importante puissance esclavagiste. Nombre de nos concitoyen.ne.s sont les descendant.e.s de personnes torturées par l'esclavage. Et si l'esclavage français m'intéresse en premier lieu, c'est parce que je suis française : c'est notre histoire commune que j'interroge en priorité. Il me semble très périlleux de tenter d'extraire notre pays de cette réalité historique et d'affirmer que cette histoire ne produirait pas de conséquences sur nos vies actuelles.

La France a été condamnée à maintes reprises par des juridictions internationales et nationales du fait de pratiques racistes dans la police, sans que cela ne donne lieu à aucune décision politique annonçant une quelconque intention de changer quoi que ce soit. C'est donc bien l'institution qui refuse de remettre en question ses pratiques racistes, ce qui démontre donc une tolérance voire une complicité active avec un racisme évident.

Je pourrais poursuivre ma démonstration et l'agrémenter de dizaines d'exemples, mais je crois que le sujet est ailleurs. Nous vivons dans un pays qui, à travers les fictions produites sur les écrans et dans sa littérature, est incapable de se représenter tel qu'il est, et qui, quand il présente des visages non blancs, persiste trop souvent à les cantonner dans des récits relatifs à une réalité liée à la banlieue ou à la migration. Cette absence est aussi perceptible sur les plateaux de télévision, où parfois même les débats relatifs au racisme se déroulent entre Blanc.he.s. C'est cette France du déni peu habituée à la remise en question que j'interpelle sans relâche. Cela suscite de l'inconfort, car on a plutôt tendance à valoriser les minorités lorsqu'elles se contentent de formuler une reconnaissance béate. Ce n'est pas mon cas. En tant que Française, je me sens parfaitement légitime pour critiquer mon pays. Je le rappellerai aux principes dont il m'a abreuvée aussi souvent qu'il le faudra.

Je n'imagine pas vous avoir convaincu.e.s de la pertinence de mes arguments, mais espère que vous prendrez la peine de critiquer mes idées en prenant connaissance de mes travaux au lieu de vous contenter de commenter quelques tronçons de phrases collectés çà et là par mes détracteurs.

J'aimerais que dans votre opposition, vous fassiez preuve de respect pour ce que je dis réellement et que vous vous astreigniez à un minimum de discipline intellectuelle.

Si vous vous sentez personnellement attaqué.e.s à chaque fois que je dénonce les dysfonctionnements de mon pays, si vous avez l'impression que mes reproches vous visent en tant qu'individus, posez-vous les bonnes questions.

Oui, j'écris en écriture inclusive, désolée si ça vous pique les yeux, mais je crois qu'il est bon de savoir sortir de sa zone de confort. Disons que c'est pour votre bien.

Mes salutations cordiales.

Table des matières

Déjà parus aux éditions Mordicus

Faut-il être plus sévère avec nos enfants ? Edwige Antier et Aldo Naouri, septembre 2008.

Faut-il avoir peur des religions ? Elie Barnavi, Mgr di Falco, Tariq Ramadan, septembre 2008.

Faut-il croire les journalistes ? Serge July, Jean-François Kahn, Edwy Plenel, septembre 2009.

Et si on jugeait les juges ? Roland Agret, Philippe Bilger, octobre 2009.

Les Français sont-ils antisémites ? Élisabeth Lévy, Robert Ménard, novembre 2009.

Faut-il interdire les écrans aux enfants ? Bernard Stiegler, Serge Tisseron, novembre 2009.

Peut-on tout dire ? Bruno Gaccio, Dieudonné, mars 2010.

Pour ou contre la garde alternée ? Claire Brisset, Catherine Dolto, Gérard Poussin, avril 2010.

Pour ou contre l'homéopathie ? Élie Arié, Jacques Boulet, mai 2010.

Les homosexuels font-ils encore peur ? Christine Boutin, Henry Chapier, Franck Chaumont, juin 2010.

Cantines : le règne de la malbouffe ? Philippe Durrèche, Jacques Pélissard, août 2010.

Faut-il avoir peur des francs-maçons ? Alain Bauer, François Koch, octobre 2010.

Des intellectuels jugent les médias, tomes I et II, novembre 2010.

Pour une droite du réel, Robert Ménard, avril 2018.

Un maire ne devrait pas faire ça…, Robert Ménard, avril 2019.

Journal de campagne, Robert Ménard, septembre 2020.

Dans la collection « Coups de colère »

Vive Le Pen ! Emmanuelle Duverger et Robert Ménard, avril 2011.

À bas le Parti Vert *! Vive l'*écologie *!* Gabriel Cohn-Bendit, octobre 2011.

Aux armes citoyens ! Plaidoyer pour l'autodéfense, Paul Lycurgues, février 2012.

Vive l'Algérie française ! Robert Ménard et Thierry Rolando, juin 2012.

Euthanasie : de l'inutilité de changer la loi, Bernard Debré, janvier 2013.

Vous voulez voter ? Devenez Français ! Cyril Bennasar, janvier 2013.

L'antisémitisme peut-il être de gauche ? Benoît Rayski, mai 2013.

M… au lobby gay ! Christian Vanneste, mai 2013.

Allez-vous en, François Hollande ! Dominique Jamet, mai 2013.

Méfiez-vous de la France bien élevée ! Gabriel Cluzel, mai 2013.